La Sagesse du monde
en 100 poèmes

ORSAC

Christine Monique

Mai 2015

JEAN ORIZET

LA SAGESSE DU MONDE en 100 poèmes

FIRST Editions

ISBN : 978-2-7540-7125-3
Dépôt légal : février 2015
Imprimé en Italie

Direction éditoriale : Marie-Anne Jost-Kotik
Édition : Charlène Guinoiseau
Correction : Florence Fabre
Couverture : S. Zygart
Mise en page : Sophie Boscardin

Éditions First, un département d'Édi8
12, avenue d'Italie
75 013 Paris – France
Tél. : 01 44 16 09 00
Fax : 01 44 16 09 01
E-mail : firstinfo@efirst.com
Site internet : www.editionsfirst.fr

« À moins de savoir où vit, de quoi se nourrit
et ce que pense le dragon, impossible de l'abattre,
d'espérer l'avoir à table ou de s'en faire un ami. »
Maître Sôami (1472-1523)

« Il existe au milieu du temps
la possibilité d'une île. »
Michel Houellebecq, *La Possibilité d'une île*,
Paris, éditions Fayard, 2005.

À PROPOS DE JEAN ORIZET

Écrivain, éditeur et critique littéraire, Jean Orizet est cofondateur de la revue *Poésie 1* en 1969 et des éditions du Cherche midi en 1975. Son œuvre littéraire a été traduite en vingt langues et consacrée par les prix Marie Noël, Charles Vildrac, de la Société des gens de lettres, Max Jacob, Apollinaire, ainsi que par le Grand Prix des poètes de la SACEM, le Grand Prix de poésie de l'Académie française et le Grand Prix de poésie de la Société des Gens de lettres pour l'ensemble de son œuvre. Homme de culture et de voyages, il effectue des missions pour le ministère des Affaires étrangères et l'Alliance française. Il est membre de l'académie Mallarmé, de l'Académie européenne de poésie, de l'association internationale de la critique littéraire, président d'honneur du Pen club français et de l'académie Mallarmé. Né à Marseille, il vit et travaille à Paris.

DU MÊME AUTEUR

Poésie et prose

L'Homme fragile, Le Castor Astral, 2002.

Jean-Marc Brunet, monographie, Fragments Éditions, 2003.

L'Entretemps, brèves histoires de l'art, La Table ronde, 2005.

La Cendre et l'Étoile, poèmes 1978-2004, Le Cherche midi, 2005.

L'Attrapeur de rêves, Mélis, 2006.

Le Regard et l'Énigme, œuvre poétique 1958-2008, Le Cherche midi, 2008.

Kâma Sutra, textes sur des œuvres de Michel Four, Fragments international, 2009.

Les Forêts de l'impossible, œuvre en prose 1, Le Cherche midi, 2011.

Mémoires d'entretemps, œuvre en prose 2, Le Cherche midi, 2012.

Anthologies

Anthologie de la poésie française, Larousse, 1988, 1995, 1998, 2007, 2010.

Les cent plus beaux poèmes de la langue française, Le Cherche Midi, 1994, Le Livre de poche, 2002 à 2014.

Les Plus Beaux Poèmes de Victor Hugo, Le Cherche midi, 2002.

Les Plus Belles Pages de la poésie tendre et sentimentale, Le Cherche midi, 2003.

La Poésie française contemporaine, Le Cherche midi, 2004.

Le Petit Livre des pensées les plus drôles, Le Cherche midi, 2004.

Les plus beaux poèmes pour les enfants, Le Cherche Midi, 1983, Le Livre de poche, 2004, 2007.

La Bibliothèque de Poésie en quatre volumes, France Loisirs, 2004.

Le Petit Livre des pensées amoureuses,
Le Cherche midi, 2005.

Les Plus Beaux Poèmes d'amour du Moyen Âge à nos jours, Le Cherche midi, 2006 ;
Le Livre de poche, 2007.

Poésie de langue française, anthologie thématique,
Le Cherche midi, 2013.

AVANT-PROPOS

Un parcours de sagesse

Le sens des mots n'est pas figé. D'autant moins s'il s'agit de vocables désignant une entité riche et complexe comme la « sagesse ». Chez les anciens grecs, on nommait « Sages » ceux qui se distinguaient par leur connaissance de la philosophie et des sciences. Dans l'Occident chrétien, la sagesse est d'abord un terme de théologie qui fait référence au savoir inspiré des choses divines et humaines.

Au XVe siècle, « sagesse » équivaut à « prudence » et à « circonspection ». Le sage du XVIe siècle est quelqu'un qui pratique un art de vivre supérieur, le mettant à l'abri de ce qui tourmente les autres hommes. À partir du XVIIe siècle, la sagesse est plutôt synonyme de modération appliquée à la conduite et aux mœurs. Cette idée de « mesure » fait référence à ce qui est écrit ou exécuté de façon classique.

Au milieu du XXe siècle, le « sage » désigne une personne choisie pour sa compétence et sa réputation d'objectivité. De manière générale, on voit que la sagesse intègre presque toujours le savoir, la raison et la saine appréciation des choses. Elle implique aussi une sûreté de jugement et cet idéal de vie évoqué plus haut.

Elle requiert enfin une maîtrise de soi, une « égalité d'âme que rien ne peut troubler » (Boileau), mais aussi le désir d'être heureux et de jouir de l'instant, le fameux *kairos* des Grecs, ou le *carpe diem* (cueille le jour présent) du poète latin Horace.

Montaigne nous disait que « La plus constante marque de sagesse, c'est une constante réjouissance. »

Plus tard, Diderot affirmait que la sagesse n'est pas autre chose que la science du bonheur.

À l'époque contemporaine, André Gide, faisant écho à ses deux illustres aînés, écrivait : « La sagesse n'est pas dans la raison mais dans l'amour. »

Après ces propos liminaires, il est permis de se demander si les poètes sont les mieux placés pour nous parler de la sagesse, en lieu et place des philosophes, des moralistes et des théologiens.

Non, si l'on retient comme seuls critères le savoir, la sûreté de jugement, la raison et la saine appréciation des choses.

Oui, si l'on privilégie l'art de vivre, la quête du bonheur, la jouissance de l'instant, le besoin d'amour et d'amitié, la crainte de l'au-delà et l'espoir d'une vie après la vie.

C'est selon cette approche-là que nous avons choisi, pour les donner à lire dans ces pages, des poèmes, élégies, stances, versets, fragments, aphorismes, sentences qui, depuis l'aube de l'histoire, cherchent à procurer aux hommes des raisons d'espérer, peut-être même d'être heureux.

À découvrir ces textes écrits sur quatre millénaires et dans les littératures des principales civilisations apparues sur la planète, le lecteur comprendra qu'il existe bel et bien une sagesse universelle dont les grandes cosmogonies, les textes sacrés, les poèmes épiques et lyriques ont été les vecteurs, portés jusqu'à nous par tous les alphabets du monde.

Ce parcours de sagesse commence par l'épopée babylonienne de Gilgamesh (XVIIIe-XVIIe siècles av. J.-C.), se poursuit avec la Bible, les poètes-philosophes présocratiques (Héraclite, VIe siècle av. J.-C.), la Bhagavad Gita et le Bouddha indiens (IVe et VIe siècles av. J.-C.), les taoïstes chinois (Lao-Tseu, Tchouang Tseu, VIe et IVe siècles av. J.-C.) et avant eux, Confucius (VIe siècle av. J.-C.).

Il continue avec les poètes latins, de Lucrèce à Horace (65 av. J.-C.), les poètes du Viêtnam médiéval (vers l'an mille), les Persans Omar Khayyam et Hafiz (XIe et XIVe siècles) puis – retour en Occident – avec les poètes de la Renaissance : Pétrarque, Ronsard (XIVe-XVIe siècles), ceux de l'âge classique et baroque : La Fontaine (XVIIe siècle). Viennent ensuite, parmi les grandes voix européennes et américaines du XIXe siècle : William Blake, T. S. Eliot, Goethe, Alexandre Pouchkine, Victor Hugo,

Gérard de Nerval, Edgar Poe, Alfred de Musset, Walt Whitman, Charles Baudelaire, Emily Dickinson.

Le XXe siècle est représenté par Émile Verhaeren (Belgique), Paul-Jean Toulet (France), Rainer Maria Rilke (Autriche), Victor Segalen (France), Fernando Pessoa (Portugal) Constantin Cavafy (Grèce), Jorge Luis Borges (Argentine).

Presque tous les poètes occidentaux depuis la Renaissance, sont nourris de culture gréco-latine.

L'image de cette culture pourrait être celle de la chouette, oiseau emblématique d'Athéna-Minerve, déesse de la sagesse, fille de Zeus-Jupiter, devenue l'incarnation même du génie grec.

Mais quelques-uns des grands poètes des XIXe et XXe siècles approchèrent aussi le confucianisme chinois, le bouddhisme indien, le christianisme, le judaïsme et, dans une moindre mesure, l'islam.

Ainsi la Sagesse se déploya-t-elle dans l'espace temps des cultures et des civilisations, pour devenir aujourd'hui l'objet d'une quête avide de la part de nos contemporains en mal de repères et de spiritualité.

Nous espérons qu'au bout du chemin, le lecteur aura fait de belles rencontres et trouvé – pourquoi pas ? – une certaine sérénité.

Jean Orizet,
de l'académie Mallarmé

L'Épopée de Gilgamesh

MÉSOPOTAMIE/IRAK, XVIIIE-XVIIE SIÈCLES AV. J.-C.

Profite de ta vie tant qu'elle t'appartient,
Nourris-la de bonheur et non de désespoir,
Savoure tes repas, et fais de chaque jour
Un plaisir – baigne-toi, prends soin
de ta personne,
Porte des vêtements brillants de pureté,
Éclaire ta maison de musique et de danse,
Adore ton enfant qui te tient par la main,
Étreins ton épouse et donne-lui du plaisir.
C'est ainsi que doit vivre un homme
raisonnable.

Brihadaranyaka Upanishad

Inde, vers le Ve siècle av. J.-C.

Celui qui s'est trouvé,
Celui dont l'être qui s'était enfoui
Dans les profondeurs de son corps, s'est réveillé
Celui-là devient actif,
Celui-là devient l'auteur de tout.
Le monde lui appartient. Il est le monde.

Hésiode

GRÈCE, VIII-VIIE SIÈCLES AV. J.-C.

LE TRAVAIL

Celui-là est l'homme complet qui, toujours, de lui-même, après réflexion, voit ce qui, plus tard et jusqu'au bout, sera le mieux. Celui-là a son prix encore qui se rend aux bons avis. Mais celui qui ne sait ni voir par lui-même ni accueillir en son âme les conseils d'autrui n'est en revanche bon à rien. Va, souviens-toi toujours de mon conseil : travaille, Persès, noble fils, pour que la faim te prenne en haine et que tu te fasses chérir de l'auguste Déméter au front couronné, qui remplira ta grange du blé qui fait vivre. La faim est partout la compagne de l'homme qui ne fait rien. Les dieux et les mortels s'indignent également contre quiconque vit sans rien faire et montre les instincts du frelon sans dard, qui, se refusant au travail, gaspille et dévore le labeur des abeilles. Applique-toi de bon cœur aux travaux convenables, pour qu'en sa saison le blé qui fait vivre emplisse tes granges. C'est par leurs travaux que les hommes sont riches en troupeaux et en or ; rien qu'en travaillant ils deviennent mille fois plus chers aux Immortels. Il n'y a pas d'opprobre à travailler : l'opprobre est de rien faire. Si tu travailles, celui qui ne fait rien bientôt enviera ta richesse : richesse toujours est suivie de mérite et de gloire. Dans la condition où t'a placé le sort, ton intérêt est de travailler, et, détournant du bien d'autrui ton esprit léger, de recourir au travail pour assurer ton pain, ainsi que je t'y engage. C'est une honte mauvaise qui suit les pas de l'indigent : la honte est liée au malheur, comme l'audace au bonheur.

Héraclite d'Éphèse

GRÈCE, 550-480 AV. J.-C.

(...)

29. Quand ses yeux se ferment, l'homme, dans la nuit, s'allume pour lui-même une lumière. Vivant, il s'approche de la mort dans le sommeil ; éveillé, il est proche de celui qui dort.

(...)

30. Ce qui sera leur lot après la mort, les hommes ne s'y attendent pas et, ne l'imaginent pas davantage.

(...)

46. La seule sagesse est celle-ci : connaître la Pensée qui gouverne tout à travers tout.

(...)

48. Il faut éteindre la démesure bien plus qu'un incendie.

(...)

55. Nous nous baignons et ne nous baignons pas dans les mêmes fleuves ; nous sommes et nous ne sommes pas.

(...)

58. Le monde : harmonie de tensions, tantôt bandées tantôt lâches comme celles de l'arc et de la lyre.

59. Le temps est un enfant qui joue en poussant des pions : royauté d'un enfant.

(...)

100. Vie et mort, veille et sommeil, jeunesse et vieillesse sont états identiques et mutuelles métamorphoses.

101. À l'état de veille, les hommes ont un seul monde en commun. Dans le sommeil, chacun retrouve son propre monde.

(...)

115. Je me suis cherché moi-même.

Platon

GRÈCE, 427-347 AV. J.-C.

(...) la vraie voie de l'amour, qu'on s'y engage de soi-même ou qu'on s'y laisse conduire, c'est de partir des beautés sensibles et de monter sans cesse vers cette beauté surnaturelle en passant comme par échelons d'un beau corps à deux, de deux à tous, puis des beaux corps aux belles actions, puis des belles actions aux belles sciences, pour aboutir des sciences à cette science qui n'est autre chose que la science de la beauté absolue et pour connaître enfin le beau tel qu'il est en soi.

Bhagavad-Gita

INDE, ENTRE LE V^E ET LE IIE SIÈCLES

64. Qui, les sens maîtrisés et libres d'attirance
ou de répulsion, traverse le monde des choses,
maître de soi, il parvient à la sérénité.

65. Dans la sérénité, toute souffrance
s'évanouit ;
les pensées sereines procurent la haute
conscience.

66. Pas de haute conscience sans l'exercice
de la Méthode,
sans elle, nulle chance de s'y stabiliser ;
sans cette stabilisation, pas de paix,
sans paix, d'où viendrait le bonheur ?

67. Le tumulte des sens emporte la pensée
qui s'y livre,
le savoir y sombre, tel un vaisseau dans
la tempête.

68. Mais qui a complètement dégagé ses sens
des objets sensibles,
il parvient au savoir absolu.

69. Ce qui est nuit pour tous les êtres,
est éveil pour qui tient ses sens sous contrôle ;
ce qui est éveil pour les êtres,
l'ascète n'y voit que nuit.

70. Comme les eaux entrent dans la mer
sans l'agiter
ni la faire déborder,
ainsi tous les désirs entrent sans troubler
sa paix,
en qui n'a plus même le désir du désir.

71. L'homme qui, réprimant tout désir,
se conduit sans dire « je » ou « c'est à moi »,
celui-là parvient à la paix.

72. C'est l'état absolu, fils de Prithâ,
où toute incertitude s'estompe,
où qui l'a atteint, fût-ce à sa dernière heure,
entre à jamais dans l'Immuable.

Mangala-Sutta

INDE, V^e^-VIe SIÈCLES AV. J.-C.

LE BOUDDHA

Les Bénédictions

Ainsi ai-je entendu.
Une fois, alors que le Bienheureux demeurait dans le monastère d'Anāthapiṇḍika au Parc Jeta, dans la cité de Sāvatthi, un dieu d'une radieuse beauté apparut vers minuit, s'approcha du Bienheureux et le saluant avec respect, se tint debout à son côté. Alors s'adressant au Bienheureux, il dit : « Nombreux sont les dieux et les hommes qui discutent sur les bénédictions qui donnent le bonheur. Pour ceux qui cherchent à connaître les véritables choses bienfaisantes, je vous en prie, veuillez expliquer les bénédictions. »
Et le Bouddha dit ceci :

Ne pas être associé aux fous mais s'associer aux sages, rendre hommage à ceux qui méritent d'être honorés – cela est une grande bénédiction.
Vivre dans un endroit qui procure de nombreux avantages, avoir le bénéfice de mérites accomplis antérieurement, développer convenablement son caractère – cela est une grande bénédiction.
Être instruit en science et en art, être discipliné et cultivé, dire des paroles justes – cela est une grande bénédiction.
Prendre soin de ses parents, bien traiter sa femme et ses enfants, accomplir des actions justes – cela est une grande bénédiction.
Être charitable, se conduire honnêtement, avoir soin de sa famille, accomplir des bonnes actions – cela est une grande bénédiction.
S'abstenir du mal, renoncer aux drogues, être vigilant dans le bien – cela est une grande bénédiction.
Se conduire avec dignité et douceur, être content et reconnaissant, entendre la Loi au juste moment – cela est une grande bénédiction.

Être patient, être courtois, rechercher la compagnie des moines (sages), parler de la Loi au juste moment – cela est une grande bénédiction.
Être restreint, mener une vie pure, avoir la vision intérieure profonde des Nobles Vérités, avoir la compréhension absolue du Nibbāna – cela est une grande bénédiction.
Étant touché par les conditions du monde demeurer avec un esprit inébranlable, être libre de chagrin, d'attachement et de peur – cela est une grande bénédiction.
Ceux qui suivent ces principes, ceux-là ne seront jamais vaincus, mais ils iront toujours vers le bonheur et pour eux cela sera une grande bénédiction.

Confucius

CHINE, VI^{E} SIÈCLE AV. J.-C.

1. L'homme sage qui s'est identifié avec la loi morale [en suivant constamment la ligne moyenne également éloignée des extrêmes] agit selon les devoirs de son état, sans rien désirer qui lui soit étranger.

2. Est-il riche, comblé d'honneurs, il agit comme doit agir un homme riche et comblé d'honneurs. Est-il pauvre et méprisé, il agit comme doit agir un homme pauvre et méprisé. Est-il étranger et d'une civilisation différente, il agit comme doit agir un homme étranger et de civilisation différente. Est-il malheureux, accablé d'infortunes, il agit comme doit agir un malheureux accablé d'infortunes. Le sage qui s'est identifié avec la loi morale conserve toujours assez d'empire sur lui-même pour accomplir les devoirs de son état dans quelque condition qu'il se trouve.

3. S'il est dans un rang supérieur, il ne tourmente pas ses inférieurs ; s'il est dans un rang inférieur, il n'assiège pas de sollicitations basses et cupides ceux qui occupent un rang supérieur. Il se tient toujours dans la droiture, et ne demande rien aux hommes; alors la paix et la sérénité de son âme ne sont pas troublées. Il ne murmure pas contre le ciel, et il n'accuse pas les hommes de ses infortunes.

4. C'est pourquoi le sage conserve une âme toujours égale, en attendant l'accomplissement de la destinée céleste. L'homme qui est hors de la voie du devoir se jette dans mille entreprises téméraires pour chercher ce qu'il ne doit pas obtenir.

Tchouang Tseu

CHINE, IVE SIÈCLE AV. J.-C.

Le roi de Ch'ou envoya deux émissaires à Tchouang Tseu pour lui proposer une charge de ministre.

Tchouang Tseu pêchait dans la rivière. Après les avoir écoutés, sans *même* relever sa ligne, il dit :

– J'ai entendu dire que les rois de Ch'ou gardent avec vénération, dans le temple de leurs ancêtres, la carapace d'une tortue sacrée qui serait morte il y a trois mille ans. D'après vous, cette tortue aurait-elle préféré être morte et vénérée ou vivante et traîner sa queue dans la boue ?

– Elle aurait préféré continuer à vivre et traîner sa queue dans la boue, répondirent les émissaires.

– Retournez-vous-en, dit Tchouang Tseu. Moi aussi je préfère traîner ma queue dans la boue.

Voyager par mer et ne craindre
Ni serpents de mer ni dragons
Voilà le courage des pêcheurs.
Voyager sur terre et ne craindre
Ni tigres ni rhinocéros
Voilà le courage des chasseurs.
Lorsque les lames nues s'entrechoquent
Considérer que la mort est comme la vie
Voilà le courage des guerriers.
Savoir que l'échec a son destin
Que le succès a son heure
Et demeurer sans peur dans la catastrophe
Voilà le courage du sage.

Il est dit :
Le sage est quiétude.
Le calme lui assure l'équilibre
Le détachement lui assure la liberté
Écartant de lui
Angoisses, chagrins, influences pernicieuses.
Intègre, il maintient son esprit clair
Et, serein, il rayonne.

La mort et la vie, l'existence et
la non-existence,
Le succès et l'échec, l'aisance et la pauvreté,
La vertu et le vice, la sagesse et l'ignorance,
La louange et le blâme, la soif et la faim,
Le chaud et le froid, se suivent,
Se transforment sans cesse et forment
le destin.
De même, jours et nuits se succèdent
Sans qu'on puisse savoir depuis quand.
Mais tous ces événements ne doivent perturber
Ni le corps ni l'esprit :
Il suffit jour après jour de garder son calme,

De vivre en paix avec les autres,
De s'adapter aux circonstances et, ainsi,
De développer ses dons naturels.

Qui veut acquérir des biens devient cupide.
Qui veut des honneurs est avide de tous
les titres.
Qui veut le pouvoir a du mal à s'en séparer :
Il tremble en le possédant
Et se désole en l'abandonnant.
Ces hommes-là ne réfrènent pas leurs désirs
Et tombent sous les instruments
du gouvernement :
Disgrâce, faveur, confiscation, dons, brimades,
Ordres, peines et condamnations se suivent
Jusqu'à la mort…
Aussi est-il dit :
Diriger les autres nécessite
De se rectifier d'abord soi-même.
Les portes de la libération ne s'ouvrent pas
Pour celui qui ne pratique pas ce précepte.

Lao-Tseu

CHINE, VI^{E}-V^{E} SIÈCLES AV. J.-C.

Les paroles vraies sont désagréables ;
Les paroles agréables ne sont pas vraies.
Un homme de bien ne discute pas,
l'homme qui discute n'agit pas pour le bien.
Celui qui sait n'est pas un érudit.
Un érudit n'est pas celui qui sait.

Le saint ne réserve rien :
en agissant pour autrui, il possède davantage,
en donnant à autrui, il multiplie
davantage encore sa richesse.

La voie du ciel consiste à avantager sans nuire.
La voie du saint consiste à agir sans rien
disputer.

XVI

Atteins à la suprême vacuité
et maintiens-toi en quiétude,
Devant l'agitation fourmillante des êtres
ne contemple que leur retour.

Les êtres divers du monde
feront retour à leur racine.
Faire retour à la racine, c'est s'installer dans
la quiétude ;
S'installer dans la quiétude, c'est retrouver
l'ordre ;
Retrouver l'ordre, c'est connaître le constant ;
Connaître le constant, c'est l'illumination.

Qui ne connaît le constant
crée aveuglément son malheur.
Qui connaît le constant sera tolérant.
Qui est tolérant sera désintéressé.
Qui est désintéressé sera royal.
Qui est royal sera céleste.
Qui est céleste fera un avec le Tao.
Qui fait un avec le Tao vivra longtemps.
Jusqu'à la fin de sa vie, rien ne saurait
l'atteindre.

XXVII

Marcher bien, c'est marcher sans laisser
ni ornière, ni trace.
Parler bien, c'est parler sans commettre
d'erreur
et sans encourir de reproches.
Calculer bien, c'est calculer sans avoir recours
ni aux baguettes ni aux tablettes.
Fermer bien, c'est fermer sans barres,
ni verrous
et pourtant sans que personne puisse ouvrir.
Lier bien, c'est lier sans corde ni ficelle
et pourtant sans que personne puisse délier.

Le saint est toujours prêt à aider les hommes
et il n'en omet aucun ;
Il est toujours prêt à bien utiliser les choses
et n'en rejette aucune.
C'est là posséder la lumière.

L'homme de bien est le maître de l'homme
de non-bien.
L'homme de non-bien n'est que la matière
brute de l'homme de bien.

Quiconque ne révère le maître ni la matière
s'égarera grandement en dépit de
son intelligence.
Là réside le secret de la sagesse.

XXXIII

Qui connaît autrui est intelligent,
Qui se connaît est éclairé,
Qui vainc autrui est fort,
Qui se vainc soi-même a la force de l'âme.

Qui se contente est riche.
Qui s'efforce d'agir a de la volonté.

Qui reste à sa place vit longtemps.
Qui est mort sans être disparu atteint
l'immortalité.

Bhartrihari

INDE, VIIe SIÈCLE AV. J.-C.

Notre vie ? Un peu d'eau qui danse
Sur un pétale de lotus.
Pourquoi s'agiter tant et plus,
Au mépris de l'intelligence,
Quand face aux riches excités
Par l'ivresse de l'abondance
Nous faisons avec impudence
Valoir nos propres qualités ?

31. L'homme sain craint la maladie,
Le parent un départ, le fier le désarroi,
Le puissant l'armée ennemie,
Le coquet la vieillesse et le riche le roi.
La vertu craint l'ignominie,
Le corps la mort et l'érudit son détracteur.
Tout est menacé dans la vie,
Seul le renoncement affranchit de la peur

39. Fluctuants et changeants sont les plaisirs mondains
Et c'est ainsi qu'on vit sa vie.
Ô mortels, vous courez à leur poursuite en vain,
Renoncez à cette folie !
Méditez l'esprit libre après avoir tranché
Les mille liens de l'envie.
Le désir de son fief doit être délogé
Par ceux qui à mes mots se fient.

Ancien Testament

VERS 50 AV. J.-C.

LA SAGESSE VI

La sagesse se laisse trouver par l'homme

12. La Sagesse brille et ne se flétrit pas,
elle se laisse voir aisément par ceux qui
l'aiment
et trouver par ceux qui la cherchent.

13. Elle devance ceux qui la désirent,
en se faisant connaître la première.

14. Quiconque part tôt vers elle ne
se fatiguera pas : il la trouvera assise à sa porte.

15. Se passionner pour elle, c'est la perfection
du discernement.
Et quiconque aura veillé à cause d'elle sera
bientôt sans inquiétude,

16. car, de son côté, elle circule en quête de
ceux qui sont dignes d'elle,
elle leur apparaît avec bienveillance sur
leurs sentiers
et, dans chacune de leurs pensées, elle vient
à leur rencontre.

17. Le commencement de la Sagesse,
c'est le désir vrai d'être instruit par elle,

18. vouloir être instruit, c'est l'aimer,
l'aimer, c'est garder ses lois,
observer ses lois, c'est être assuré
de l'incorruptibilité,

19. et l'incorruptibilité rend proche de Dieu.

20. Ainsi le désir de la Sagesse élève jusqu'à
la royauté.

21. Si donc vous, princes des peuples,
prenez plaisir aux trônes et aux sceptres,
rendez hommage à la Sagesse et vous régnerez
pour toujours.

Ancien Testament

VERS 200 AV. J.-C.

L'ECCLÉSIASTE

Un temps pour chaque chose

1. Il y a un moment pour tout
et un temps pour chaque chose
sous le Ciel :

2. un temps pour enfanter et un
temps pour mourir,
un temps pour planter et un
temps pour arracher le plant,

3. un temps pour tuer et un
temps pour guérir,
un temps pour saper et un
temps pour bâtir,

4. un temps pour pleurer et un
temps pour rire,
un temps pour se lamenter et
un temps pour danser,

5. un temps pour jeter des pierres et un temps
pour amasser des pierres,
un temps pour embrasser et un temps pour
éviter d'embrasser,

6. un temps pour chercher et un temps
pour perdre,
Un temps pour garder et un temps pour jeter,

7. un temps pour déchirer et un temps
pour coudre,
un temps pour se taire et un temps pour parler,

8. un temps pour aimer et un temps pour haïr,
un temps de guerre et un temps de paix.

Lucrèce

ITALIE, 98-55 AV. J.-C.

Misérables esprits des hommes, cœurs
aveugles !
Dans quelle obscurité, dans quels périls
absurdes
Se consume pour rien leur presque rien de vie !
N'entendez-vous donc pas ce que crie
la nature ?
Que veut-elle, sinon l'absence de douleur
Pour le corps, et pour l'âme un bonheur
pacifié,
Délivré des soucis, affranchi de la peur ?
Le corps, nous le voyons, se suffit de très peu :
L'absence de souffrance est un plaisir exquis.
La nature apaisée n'en demande pas plus.
S'il n'y a point chez nous d'éphèbes sculptés
d'or
Qui portent à la main des flambeaux allumés
Pour éclairer la nuit nos festins, nos orgies,

Si nos murs ne sont pas tout recouverts
d'argent,
S'ils ne résonnent pas aux notes des cithares,
Il suffit entre amis, couchés dans l'herbe
tendre,
Au bord d'une rivière, à l'ombre d'un grand
arbre,
De pouvoir apaiser simplement notre faim,
Surtout lorsque le temps sourit, quand
la saison
Égaie de mille fleurs les prairies verdoyantes...

Horace

ITALIE, 65-8 AV. J.-C.

Ce que sera demain, ne le recherche pas,
Et le jour, quel qu'il soit, que te donne le sort,
Prends-le comme un cadeau — ne va pas
dédaigner,
Ô mon enfant, les douces amours
ni les danses.

XI

Ne commets pas, Leuconoé, le sacrilège
De chercher quelle fin les dieux
Ont marquée pour moi, ont marquée pour toi,
Et ne va pas interroger les nombres de Babylone !
Comme il vaut mieux subir tout ce qu'il adviendra !
T'accorde Jupiter plus d'un hiver encore,
Ou que soit le tout dernier
Celui qui aujourd'hui sur les écueils rongés
Brise la mer tyrrhénienne,
Sois sage, filtre tes vins, et puisque nous durons peu,
Rogne les ailes au long espoir…
Pendant que nous parlons a fui le temps jaloux :
Cueille le jour sans te fier le moins du monde
Au lendemain !

Livre des morts tibétain

AVANT LE VIIe SIÈCLE

CHIKHAI BARDO

Ô fils noble, ce que l'on appelle la mort étant venu pour toi, maintenant prends cette résolution : ceci est l'heure de ma mort. En prenant avantage de cette mort, j'agirai pour le bien de tous les êtres conscients qui peuplent les immensités illimitées des cieux afin d'obtenir l'état parfait de Bouddha par l'amour et la compassion que j'enverrai vers eux en dirigeant mon effort concentré vers la seule Perfection.

CHÖNYID BARDO

Ô fils noble, au moment où ton corps et ton esprit se sont séparés, tu as connu la lueur de la Vérité Pure, subtile, étincelante, brillante, éblouissante, glorieuse et radieusement impressionnante, ayant l'apparence d'un mirage passant sur un paysage au printemps en un continuel ruissellement de vibrations. Ne sois pas subjugué, ni terrifié, ni craintif. Ceci est l'irradiation de ta propre et véritable nature. Sache le reconnaître.

Bai Juyi

Chine, 772-846

EN CUISANT DES LÉGUMES

Hier soir, je me suis couché sans dîner
en me levant ce matin, j'avais grand faim
qu'ai-je trouvé dans ma pauvre cuisine ?
du riz et des herbes d'automne
le riz cuit était tendre et parfumé
les légumes verts, abondants et onctueux
lorsqu'on a faim, il suffit de se rassasier
car une fois rassasié, on n'y pense plus
il fut une époque où j'étais très aisé
alors que, retraité, je suis pauvre à présent
autrefois je dépensais tout mon salaire
maintenant, j'ai assez pour me nourrir et me vêtir
la main sur le cœur, je me pose la question
qu'est-ce que la gloire ?
qu'est-ce que la déchéance ?
sans me soucier de ce qu'en pensent les autres
il faut que je fasse la part du bien et du mal.

Tou Fou

CHINE, 712-770

Lorsqu'on allume les lampes et les chandelles
elles attirent des centaines de phalènes
si votre esprit s'élève au-dessus de l'univers
vous n'y verrez que solitude et calme
comprendre l'unité de la naissance et de
la mort
n'est-ce pas saisir le secret de l'immortalité ?

NUIT D'ÉTÉ

Odeur des bambous frais dans la chambre.
Dans le jardin, clair de lune sauvage.
Goutte à goutte, la rosée, cristal.
Une à une, les étoiles claires.
Une à une, les lucioles dans les coins noirs.
Les poules d'eau s'appellent d'une rive à l'autre.
Au loin le monde entier se fait la guerre.
Assis sur mon lit, j'écoute et réfléchis.

Wang Wei

Chine, 701-761

RÉPONSE AU SOUS-PRÉFET TCHANG TCHAO-FAN

Au soir de vivre je ne veux que paix,
oublier les dix mille soucis du monde.
Plus de besoins, plus de projets,
Mais désapprendre, revenir au vert des forêts,
Dénouer ma robe. Le vent des pins.
Mon luth qui brille au clair de lune.
Échouer. Réussir. Qu'est-ce que ça veut dire ?
Un chant de pêcheur sur l'eau immobile.

Al-Mutanabbi

Irak, 915-965

Les hommes sont à la dimension de leurs actes. C'est à la mesure de leur grandeur que leurs actes sont grands !

Aux yeux des petits, les petites choses sont immenses ; pour les grandes âmes, les grandes choses sont petites !

Tant que l'on vit, à quoi bon la hantise de mourir ?

Et quand on est mort, il n'y a plus à s'en faire !

Sie Ling-Yun

CHINE, 385-433

ÉCRIT SUR LE LAC, EN REVENANT DE LA MAISON DE MONTAGNE DE LA FALAISE DE PIERRE

Temps qui change à l'aube et au crépuscule.
Torrents, cavalcade de l'eau à travers
la lumière claire,
la claire clarté qui rend tout joyeux.
Calme, le promeneur oublie de rentrer
chez lui.
Au-dessus de la vallée, le soleil est encore
haut.
Mais montant dans la barque,
maintenant la lumière baisse.
La forêt, les ravins s'habillent de couleur
sombre,
Les nuages du couchant rejoints par la brume
du sud.

Lotus et iris, feuilles qui brillent une par une.
Les uns contre les autres le vent froisse
roseaux
et joncs,
se pousse à travers eux, et galope vers le sud,
retournant se coucher dans son lit
au-delà de la porte de l'Est.

Pensées déliées. Le poids léger des choses
au-dehors.
Esprit dénoué. Il n'est rien de mal.

Vous, chercheurs du secret de très longue vie,
essayez quelque temps cette façon de vivre.

Tao Yuan-Ming

Chine, 365-427

ÉLÉGIE FUNÉRAIRE

1

Il y a la vie. Donc la mort.
On peut mourir tôt. La vie était longue.
Hier soir, parmi vous.
Ce matin, inscrit au livre des morts.
On a soufflé l'âme. Où a-t-elle volé ?
Pour le corps tout raide une caisse vide.
Le fils que j'aimais me cherche, pleurant.
Les amis se penchent sur moi en se lamentant.
Perdre, gagner ? Je ne comprends plus.
Raison ou tort ? Je ne sais plus.
Après mille automnes, après dix mille ans
victoire ou défaite, qui se souviendra ?
Un seul regret. J'étais au monde.
J'ai bu du vin. Pas assez.

Marc Aurèle

ITALIE, 121-180

XIV. — Quand tu devrais vivre trois fois mille ans, et même autant de fois dix mille ans, souviens-toi pourtant que nul ne perd une vie autre que celle qu'il vit, et qu'il ne vit pas une vie autre que celle qu'il perd. Par là, la vie la plus longue revient à la vie la plus courte. Le temps présent, en effet, étant le même pour tous, le temps passé est donc aussi le même, et ce temps disparu apparaît ainsi infiniment réduit. On ne saurait perdre, en effet, ni le passé, ni l'avenir, car comment ôter à quelqu'un ce qu'il n'a pas ?

Il faut toujours se souvenir de ces deux choses : l'une que tout, de toute éternité, est d'identique aspect et revient en de semblables cercles, et qu'il n'importe pas qu'on fixe les yeux sur les mêmes objets durant cent ans, deux cents ans, ou durant l'infini du cours de la durée. L'autre, que celui qui a le plus longtemps vécu et que celui qui mourra le plus tôt, font la même perte. C'est du seul présent, en effet, que l'on peut être privé, puisque c'est le seul présent qu'on a et qu'on ne peut perdre ce qu'on n'a point.

Si K'ang

CHINE, 223-262

CHANTS TAOÏSTES

Un luth et un poème suffisent à mon bonheur.
Errer au loin est un trésor,
Empli de la Voie que je parcours seul
Vers la fin du savoir et du moi.

Tranquille et sans soucis,
Pourquoi chercher autrui ?
Je suis un habitant des montagnes magiques
Qui réjouit sa pensée et nourrit son esprit.

Li Hiun

CHINE, VERS 896

À UN MAÎTRE DU CH'AN

Du non-être à l'être : un nuage se forme.
D'avoir été à ne plus être : un éclair qui s'éteint.
Se rassembler, se disperser, tout est illusion.
Les esprits vains jacassent en vain.

Milarépa

TIBET, 1040-1123

Pars méditer dans les montagnes désertes,
Prends l'exemple des hautes montagnes,
Pratique sans trembler la méditation.
Prends l'exemple des rivières tout en bas,
Médite ainsi que le flot continu.

Prends l'exemple de l'espace azuré,
Médite l'absence de centre et de limites.
Prends l'exemple du soleil et de la lune,
Médite une lumière qui jamais ne faiblit.
Pour lire dans les apparences comme
dans un livre,
C'est en ton propre esprit que tu dois étudier.

Et à n'importe quel moment,
Fais provision d'une charité inépuisable,
Monte le cheval magique de l'énergie,
Hâte-toi vers la cité de la méditation.

Diêu Nhân

VIETNAM, 1041-1113

NAISSANCE, VIEILLESSE, MALADIE, MORT...

Naissance, vieillesse, maladie, mort
Sont choses ordinaires depuis toujours
Lorsqu'on s'efforce de s'en libérer,
Davantage se resserrent les liens.
Dans l'égarement, on prie le Bouddha,
Dans le trouble on fait appel au zen.
Le zen et le Bouddha, à quoi bon...
Clos tes lèvres et garde le silence.

Van Hanh

VIETNAM, MORT EN 1018

AUX DISCIPLES

La vie est un éclair : il luit puis disparaît
La plante fleurit au printemps, à l'automne
se flétrit
Prospérité et déclin, pourquoi s'en effrayer :
Goutte fragile de rosée sur un brin d'herbe.

Omar Khayyam

PERSE, 1047-1122

QUI FERA LA DIFFÉRENCE ?

Prenons comme un butin ce moment
d'existence.
Quand nous aurons quitté ce monde turbulent,
Ici-bas qui saura faire la différence
Avec ceux qui sont morts il y a sept mille ans ?

SAGESSE

J'avais beaucoup appris, j'ai voulu oublier.
À ce que je croyais j'attachai trop de prix.
Je n'ai trouvé la paix que lorsque j'ai compris
Qu'on ne pouvait jamais affirmer ou nier.

POUR LE SAGE...

Pour le sage tristesse et bonheur
se confondent,
Comme le bien, le mal, qui partagent
le monde,
Il prend d'un cœur égal le bonheur qui survient
Et la peine qui frappe et qu'il n'attendait point.

SOIS LIBRE !

Gémir ne mène à rien : fête la joie de vivre,
Proclame la justice et confonds le mensonge,
Et puisque pour finir tout n'est que néant,
songe
Que tu n'existes pas… et sois libre !

SI TU VEUX ÊTRE HEUREUX

Si tu veux être heureux, limite tes désirs.
Du bien comme du mal apprends à t'affranchir.
Mais profite du vin, des belles chevelures…
Qui sait combien de jours il te reste à cueillir ?

LA LUNE A DÉCHIRÉ…

La lune a déchiré la robe de la nuit.
Lève ta coupe, ami, savoure ce moment
Et dis-toi que, demain, cet astre qui nous suit
Te cherchera peut-être ici-bas vainement !

LE LIVRE DU DESTIN

Homme, puisque la vie en ce monde
est un leurre,
Pourquoi plaindre ton sort,
pourquoi te torturer ?
Abandonne ton âme au caprice de l'heure :
Le livre du destin n'est jamais raturé.

CE QUE JE SAIS

J'ai donné le meilleur de mon temps
à la science,
Dénouant çà et là quelque énigme
en passant...
Ces soixante-douze ans de travail incessant
M'ont appris une chose au moins :
mon ignorance.

QUATRAINS

Beaux jours, impatient espoir.
Les gens s'en vont par les prés embaumés,
Y voit-on la main de Moïse ?
Sent-on le souffle de Jésus ?

Les gens voudraient la connaissance.
Les uns en cherchent le chemin,
les autres croient l'avoir trouvé.
Puis on saura qu'il n'est pas de chemin.

Astres et fleurs, vos solitudes !
Laisse les gens,
laisse leurs malheurs et leurs fêtes,
passe à l'écart.

Ferme le livre,
regarde le ciel et la terre.
Donne aux pauvres, pardonne à tous.
Ne nuis pas, cache ton sourire.

Alors ? l'auberge ou le jardin ?
Un oiseau passe. Il est passé,
perdu dans un azur torride.
La nostalgie dans l'ombre fraîche.

Y Lan

VIETNAM, MORTE EN 1117

L'ÊTRE ET LE NON-ÊTRE

Être est non-être, non-être est être
Non-être est être, être est non-être
L'être qui ne s'attache à rien
Est seul capable de s'unir à l'Absolu.

François Pétrarque

Italie, 1304-1374

XXXII

Plus je m'avance près de cet ultime jour
En lequel s'abolit notre humaine misère,
Plus rapide et léger je vois courir le temps
Et mon espoir en lui fallacieux s'estomper.

En mes pensées je dis : nous ne parlerons pas
D'amour encor longtemps, puisque le dur
et lourd
Et terrestre fardeau d'exister se défait
Comme la neige fond : d'où nous viendra la paix.

Car chutera avec le corps notre espérance
Qui nous força si longuement à divaguer,
Et finiront rires et pleurs, peur et colère.

Nous verrons clair alors, comme souvent advient
Qu'en avançant parmi les choses incertaines
On découvre que rien n'y valait nos soupirs.

CCCLXV

Je m'en vais en pleurant sur le temps révolu
Tout voué à l'amour d'une chose mortelle,
Sans m'élever d'un rien, tout en ayant les ailes
Qui eussent pu donner bon exemple de moi.

Toi qui vois de mes maux l'ampleur, l'indignité,
Roi du ciel immortel invisible à nos yeux,
Viens en secours à l'âme frêle et dévoyée
Et ta grâce supplée à son imperfection :

Qu'ainsi, ayant vécu la guerre et la tempête,
Je meure en paix touchant au port ; et si je fus
En vain, au moins que soit honnête
mon départ.

Pour ce peu de ma vie qui reste devant moi
Et à l'ultime instant, daigne tendre ta main :
Tu sais qu'en elle tient toute mon espérance.

Hafiz

Perse, vers 1325-1390

LA VRAIE SAGESSE

Ô Saki, la coupe de la tulipe déborde de rosée. Et j'ai soif du vin que tu verses. C'est la rosée de mon âme. Pourquoi tant de paroles incertaines ? Combien de temps dureront ces folies ? Et toi, compagnon de ma route, dédaigne tout orgueil et tout faste. Le temps a fait des trous dans la tunique de pourpre des Césars ; il a vu tomber la couronne de Kaï.

Connais enfin la vraie sagesse. L'oiseau dans le jardin s'enivre de ses champs et du parfum des fleurs. Éveille-toi ! Le sommeil éternel est proche.

Et toi, rameau fleuri du jeune printemps, balance-toi doucement sous la brise. Que jamais le destin ne t'emporte au souffle furieux du vent d'hiver.

Ne te fie pas à l'amour de ce qui passe, aux caresses du monde. Malheur à qui se croit à l'abri de la ruse !

Demain, peut-être, boiras-tu une gorgée de délice au fleuve du Paradis, ou, peut-être, seras-tu en compagnie des fées. Mais aujourd'hui ne regarde que l'échanson et ta coupe qu'il veut remplir.

Michel-Ange

ITALIE, 1475-1564

VIII

Sonnet inachevé

Fuyez l'amour, amants, fuyez ses flammes vives ;
sauvage est son brasier, mortelle sa brûlure :
dès son premier assaut, il n'est plus
rien qui vaille,
ni force ni raison ni changement de lieu.

Fuyez, n'avez-vous pas la victime exemplaire
d'un bras cruel et d'une flèche pénétrante :
lisez en moi quel pourrait être votre mal,
combien le jeu sera féroce et sans pitié.

Fuyez, ne tardez pas, dès le premier regard :
je pensais m'entendre en tout temps avec
l'amour,
mais je sens, mais vous pouvez voir, comme
je brûle.

Nguyên Binh Khiêm

VIETNAM, 1491-1585

LE BONHEUR

Il n'est pas facile d'être le Bouddha Çâkya
Pour supporter toutes les choses de la vie.
Une âme sans soucis : lune dans l'eau ;
Les biens dus au hasard : vent sur les fleurs.
Dans la jeunesse, quelques gais compagnons.
Au soir de la vie, des amis aux cheveux blancs.
La liberté est le plaisir des Immortels.
Savoir jouir de son état, c'est le bonheur.

Christophe Plantin

France, 1520-1589

LE BONHEUR DE CE MONDE

Avoir une maison commode, propre et belle,
Un jardin tapissé d'espaliers odorants,
Des fruits, d'excellent vin, peu de train, peu d'enfants,
Posséder seul sans bruit une femme fidèle.

N'avoir dettes, amour, ni procès, ni querelle
Ni de partage à faire avec ses parents,
Se contenter de peu, n'espérer rien des Grands,
Régler tous ses desseins sur un juste modèle.

Vivre avec franchise et sans ambition,
S'adonner sans scrupule à la dévotion,
Dompter ses passions, les rendre obéissantes.

Conserver l'esprit libre et le jugement fort,
Dire son chapelet en cultivant des entes,
C'est attendre chez soi bien doucement la mort.

Pierre de Ronsard

FRANCE, 1524-1585

VI

Il faut laisser maisons, et vergers, et jardins,
Vaisselles, et vaisseaux que l'artisan burine,
Et chanter son obsèque en la façon du Cygne
Qui chante son trépas sur les bords Méandrins.

C'est fait, j'ai dévidé le cours de mes destins,
J'ai vécu, j'ai rendu mon nom assez insigne,
Ma plume vole au Ciel pour être quelque signe,
Loin des appas mondains qui trompent
les plus fins.

Heureux qui ne fut onc, plus heureux
qui retourne
En rien comme il était, plus heureux qui
séjourne
D'homme fait nouvel ange,
auprès de Jésus-Christ,

Laissant pourrir ça-bas sa dépouille de boue,
Dont le sort, la Fortune, et le Destin se joue,
Franc des liens du corps pour n'être qu'un esprit.

XLIII

Quand vous serez bien vieille, au soir
à la chandelle,
Assise auprès du feu, dévidant et filant,
Direz chantant mes vers, en vous émerveillant :
« Ronsard me célébrait du temps que j'étais belle. »

Lors vous n'aurez servante oyant telle nouvelle,
Déjà sous le labeur à demi sommeillant,
Qui au bruit de mon nom ne s'aille réveillant,
Bénissant votre nom de louange immortelle.

Je serai sous la terre, et fantôme sans os
Par les ombres myrteux je prendrai mon repos ;
Vous serez au foyer une vieille accroupie,

Regrettant mon amour et votre fier dédain.
Vivez, si m'en croyez, n'attendez à demain :
Cueillez dès aujourd'hui les roses de la vie.

Agrippa d'Aubigné

France, 1552-1630

L'HIVER

Mes volages humeurs, plus stériles que belles,
S'en vont, et je leur dis : vous sentez, hirondelles,
S'éloigner la chaleur et le froid arriver,
Allez nicher ailleurs, pour ne fâcher, impures,
Ma couche de babil, et ma table d'ordures :
Laissez dormir en paix la nuit de mon hiver.

D'un seul point le soleil n'éloigne l'hémisphère,
Il jette moins d'ardeur, mais autant de lumière.
Je change sans regrets lorsque je me repens
Des frivoles amours et de leur artifice.
J'aime l'hiver, qui vient purger mon cœur de vice,
Comme de peste l'air, la terre de serpents.

Mon chef blanchit dessous les neiges entassées,
Le soleil qui me luit les échauffe glacées,
Mais ne les peut dissoudre au plus court de
ces mois.

Fondez, neiges, venez dessus mon cœur
descendre,
Qu'encores il ne puisse allumer de sa cendre
Du brasier, comme il fit des flammes autrefois.

Mais quoi, serai-je éteint devant ma vie éteinte ?
Ne luira plus en moi la flamme vive et sainte,
Le zèle flamboyant de la sainte maison ?
Je fais aux saints autels holocauste des restes,
De glace aux feux impurs, et de naphte
aux célestes,
Clair et sacré flambeau, non funèbre tison.

Voici moins de plaisirs, mais voici moins
de peines :
Le rossignol se tait, se taisent les sirènes ;
Nous ne voyons cueillir ni les fruits,
ni les fleurs ;
L'espérance n'est plus bien souvent tromperesse,
L'hiver jouit de tout, bienheureuse vieillesse,
La saison de l'usage et non plus des labeurs.

Mais la mort n'est pas loin : cette mort est suivie
D'un vivre sans mourir, fin d'une fausse vie ;
Vie de notre vie, et mort de notre mort.
Qui hait la sûreté pour aimer le naufrage ?
Qui a jamais été si friand de voyage,
Que la longueur en soit plus douce que le port ?

Ja Lon-Ro

Corée, 1556-1615

PASTORALE

Mon désir n'est pas
De révéler mes dons ou de laisser ma marque ;
La renommée et la gloire ne m'intéressent pas :
Je préfère escalader le mont Shang,
Suivre la Voie des Quatre Sages Barbus
Au cœur des montagnes et des rivières,
Au cœur des ravines et des pinèdes,
J'ai construit une chaumière
Au milieu des raves et des herbes bleues,
Sous la lune brumeuse, derrière une porte poreuse,
Dans cette épaisse forêt où naissent les nuages,
Dans les pinèdes où seuls aboient les chiens,
Qui connaît ce lieu solitaire ?
Je chante une haie de branches de pins,
De champignons aux tiges violettes.

Je sème et je laboure une terre ingrate dans
la pluie de printemps.
Je suis sujet de l'Empereur Jo-yun.
Que ferais-je d'un quadrige ?
Je trouve mon plaisir dans les collines et
les ruisseaux,

Aujourd'hui, j'escalade une colline que
je chante,
Demain j'irai composer au bord d'un ruisseau.
J'ai cueilli des fougères pour mon déjeuner,
J'ai pêché des poissons pour mon dîner.
Après une chanson ou deux, je rame
Et plonge une longue gaffe dans la rivière
au couchant.
Que m'importe la vie, et ses soucis ?
Qui peut imaginer mon plaisir sur les vagues
vertes ?
Les écailles d'argent ondoient, les corps de jade
étincellent
Là où l'eau et le ciel unissent leurs couleurs.

La perche de mer mord : les mouettes passent ;
J'amarre mon bateau à la rive du couchant ;
Mes sandales me mènent à un village
de montagne.

Regardez ce hameau perdu dans le crépuscule !
Entre le luth et les livres, ainsi passe le jour.
Puisons maintenant le vin à ce tonneau,
Trinquons au son des chants et des ballades.
Sur mon oreiller de jade je m'endors.
Parfois, me parvient le cri d'une grue ;
La lune indique trois heures du matin.
Je préfère cette vie simple et tranquille ;
Et je vivrai dix mille ans.

Jean de la Fontaine

France, 1621-1695

LA MORT ET LE MOURANT

La mort ne surprend point le sage :
Il est toujours prêt à partir,
S'étant su lui-même avertir
Du temps où l'on se doit résoudre à ce passage.
Ce temps, hélas ! embrasse tous les temps ;
Qu'on le partage en jours, en heures,
en moments,
Il n'en est point qu'il ne comprenne
Dans le fatal tribut ; tous sont de son domaine ;
Et le premier instant où les enfants des Rois
Ouvrent les yeux à la lumière,
Est celui qui vient quelquefois
Fermer pour toujours leur paupière,
Défendez-vous par la grandeur,
Alléguez la beauté, la vertu, la jeunesse,
La mort ravit tout sans pudeur,

Un jour le monde entier accroîtra sa richesse.
Il n'est rien de moins ignoré,
Et puisqu'il faut que je le die,
Rien où l'on soit moins préparé,
Un Mourant qui comptait plus de cent ans de vie,
Se plaignait à la Mort que précipitamment

Elle le contraignait de partir tout à l'heure,
Sans qu'il eût fait son testament,
Sans l'avertir au moins. Est-il juste qu'on meure
Au pied levé ? dit-il ; attendez quelque peu,
Ma femme ne veut pas que je parte sans elle ;
Il me reste à pourvoir un arrière-neveu ;
Souffrez qu'à mon logis j'ajoute encore une aile.
Que vous êtes pressante, ô Déesse cruelle !
Vieillard, lui dit la Mort, je ne t'ai point surpris.
Tu te plains sans raison de mon impatience.
Eh n'as-tu pas cent ans ? trouve-moi dans Paris
Deux mortels aussi vieux, trouve-m'en dix
en France
Je devais, ce dis-tu, te donner quelque avis
Qui te disposât à la chose :
J'aurais trouvé ton testament tout fait,
Ton petit-fils pourvu, ton bâtiment parfait ;
Ne te donna-t-on pas des avis quand la cause

Du marcher et du mouvement,
Quand les esprits, le sentiment,
Quand tout faillit en toi ? Plus de goût,
plus d'ouïe
Toute chose pour toi semble être évanouie :
Pour toi l'astre du jour prend des soins superflus
Tu regrettes des biens qui ne te touchent plus.
Je t'ai fait voir tes camarades,
Ou morts, ou mourants, ou malades.
Qu'est-ce que tout cela, qu'un avertissement ?
Allons, vieillard, et sans réplique ;
Il n'importe à la république
Que tu fasses ton testament,
La Mort avait raison : je voudrais qu'à cet âge
On sortît de la vie ainsi que d'un banquet,
Remerciant son hôte, et qu'on, fît son paquet ;
Car de combien peut-on retarder le voyage ?
Tu murmures, vieillard ; vois ces jeunes mourir,
Vois-les marcher, vois-les courir
À des morts, il est vrai, glorieuses et belles,
Mais sûres cependant, et quelquefois cruelles.
J'ai beau te le crier ; mon zèle est indiscret :
Le plus semblable aux morts meurt le plus
à regret.

LE PHILOSOPHE SCYTHE

Un Philosophe austère, et né dans la Scythie,
Se proposant de suivre une plus douce vie,
Voyagea chez les Grecs, et vit en certains lieux
Un Sage assez semblable au vieillard
de Virgile,
Homme égalant les Rois, homme approchant
des Dieux
Et comme ces derniers satisfait et tranquille.
Son bonheur consistait aux beautés
d'un jardin !
Le Scythe l'y trouva, qui la serpe à la main,
De ses arbres à fruit retranchait l'inutile,
Ébranchait, émondait, ôtait ceci, cela,
Corrigeant partout la nature,
Excessive à payer ses soins avec usure.
Le Scythe alors lui demanda
Pourquoi cette ruine : Était-il d'homme sage
De mutiler ainsi ces pauvres habitants ?
Quittez-moi votre serpe, instrument
de dommage.
Laissez agir la faux du temps :
Ils iront assez tôt border le noir rivage.

J'ôte le superflu, dit l'autre, et l'abattant,
Le reste en profite d'autant.
Le Scythe retourné dans sa triste demeure

Prend la serpe à son tour, coupe et taille à toute heure ;
Conseille à ses voisins, prescrit à ses amis
Un universel abattis,
Il ôte de chez lui les branches les plus belles,
Il tronque son verger contre toute raison,
Sans observer temps ni saison,
Lunes ni vieilles ni nouvelles,
Tout languit et tout meurt. Ce Scythe exprime bien
Un indiscret Stoïcien :
Celui-ci retranche de l'âme
Désirs et passions, le bon et le mauvais,
Jusqu'aux plus innocents souhaits.
Contre de telles gens, quant à moi je réclame,
Ils ôtent à nos cœurs le principal ressort :
Ils font cesser de vivre avant que l'on soit mort.

UN FOU ET UN SAGE

Certain Fou poursuivait à coups de pierre
un Sage
Le Sage se retourne et lui dit : Mon ami,
C'est fort bien fait à toi ; reçois cet écu-ci :
Tu fatigues assez pour gagner davantage.
Toute peine, dit-on, est digne de loyer.
Vois cet homme qui passe ; il a de quoi payer :
Adresse-lui tes dons, ils auront leur salaire.
Amorcé par le gain, notre Fou s'en va faire
Même insulte à l'autre Bourgeois.
On ne le paya pas en argent cette fois.
Maint estafier accourt ; on vous happe
notre homme.
On vous l'échine, on vous l'assomme.
Auprès des Rois il est de pareil Fous.
À vos dépens ils font rire le Maître.
Pour réprimer leur babil, irez-vous
Les maltraiter ? Vous n'êtes, pas peut-être
Assez puissant. Il faut les engager
À s'adresser à qui peut se venger.

William Blake

ANGLETERRE, 1757-1827

PROVERBES DE L'ENFER

Aux semailles, apprends, à la moisson,
enseigne,
en hiver jouis.
Ta charrette et ta charrue, mène-les sur les os
des morts.
Le chemin de l'excès conduit au palais
de la sagesse.
Prudence est une vieille fille, riche et laide,
que courtise l'Impuissance.
Qui désire et n'agit point, il couve la peste.
Le ver pardonne au soc qui l'a coupé en deux.
Celui-ci aime l'eau ? plonge-le dans le fleuve.
Un fol ne voit pas le même arbre que voit
un sage.
Son visage ne répand pas de lumière : jamais il
ne deviendra une étoile.

L'Éternité est amoureuse des œuvres du temps.

L'abeille est trop occupée pour trouver le temps du chagrin.

Les heures de folie, l'horloge les mesure, mais de sagesse : nulle horloge n'en a la mesure.

AUGURES D'INNOCENCE

Voir un monde dans un grain de sable,
Voir un ciel dans une fleur des champs,
Tenir l'infini dans le creux de sa main
Et l'éternité dans une heure.

Goethe

Allemagne, 1749-1832

Voici que je foule, joyeux, un sol classique
qui m'exalte !
Passé, présent, tout ici parle clair, excite l'esprit.
Fort de certain bon conseil, je feuillette
avec assiduité
Les œuvres des anciens, plaisir chaque jour
renouvelé.
Toutefois Amour réserve mes nuits à
d'autres entreprises :
Je ne m'instruis qu'à demi, et suis doublement
heureux.
Car n'est-ce pas étudier que d'épier la forme
d'un sein,
Que d'effleurer de sa paume la courbure
d'une hanche ?
Maintenant je puis comprendre pleinement
le marbre ;
Je songe, je compare : l'œil palpe, la main y voit.

Et même si l'aimée me coûte quelques heures,
le jour,
Combien sait-elle, en échange, me dédommager,
la nuit !
Entre deux baisers, il y a souvent des propos
sages ;

Quand le sommeil l'envahit, je reste étendu
à songer.
J'ai été jusqu'à ébaucher des poèmes dans ses bras,
Ponctuant du doigt mes hexamètres sur son dos.
Je l'entends respirer doucement, elle s'est
endormie,
Et son haleine m'embrase jusqu'au tréfonds
de moi.
Amour cependant ranime la lampe et se souvient
Qu'il servait du même soin ses poètes triumvirs.

Alexandre Pouchkine

Russie, 1799-1837

AU POÈTE

Poète, n'attends rien des faveurs du vulgaire.
L'extase et l'ovation bruyante n'ont qu'un
temps ;
qu'un sot juge ton œuvre ou que le peuple en rie,
toi, demeure serein, taciturne et constant.

Tu es roi : vis donc seul. Par de libres chemins
va seul où te conduit librement ton esprit,
prenant soin de polir le fruit de tes pensées,
sans fixer de salaire à la belle prouesse.

Ton salaire est en toi. Tu es juge suprême,
plus sévère qu'un autre à censurer ton œuvre.
En es-tu satisfait, scrupuleux artisan ?

Satisfait ? — Laisse alors la plèbe t'insulter
et cracher sur l'autel où crépite ta flamme
ou, par enfantillage, ébranler ton trépied.

Victor Hugo

FRANCE, 1802-1885

RIEN

Homme, tu n'as à toi que l'heure où tu te meus,
Triste ou gai, sage ou fou, dans l'affreux
tout brumeux !
Goutte d'eau, quand la mer s'ouvre, à quoi bon
la lutte ?
Prends ce que ton destin a de clair, la minute,
Avril quand il sourit, la fleur quand elle éclôt.
Laisse au gouffre éternel rouler l'éternel flot.

Gérard de Nerval

FRANCE, 1808-1855

VERS DORÉS

« Eh quoi ! tout est sensible »
Pythagore

Homme libre penseur ! – te crois-tu seul pensant
Dans ce monde, où la vie éclate en toute chose :
Des forces que tu tiens ta liberté dispose,
Mais de tous tes conseils l'univers est absent.

Respecte dans la bête un esprit agissant…
Chaque fleur est une âme à la Nature éclose ;
Un mystère d'amour dans le métal repose :
« Tout est sensible » ; Et tout sur ton être
est puissant !

Crains dans le mur aveugle un regard qui t'épie :
À la matière même un verbe est attaché…
Ne la fais pas servir à quelque usage impie.

Souvent dans l'être obscur habite un Dieu
caché ;
Et, comme un œil naissant couvert
par ses paupières,
Un pur esprit s'accroît sous l'écorce des pierres.

Edgar Allan Poe

ÉTATS-UNIS, 1809-1849

SONNET À LA SCIENCE

Science, tu es la vraie fille du vieux temps,
qui changes toutes choses pour ton œil
scrutateur.
Pourquoi fais-tu ta proie ainsi du cœur du poète,
Vautour dont les ailes sont de ternes réalités ?

Comment t'aimerait-il ? ou te jugerait-il sage,
toi qui ne le laisserais point, dans la promenade
de son vol,
chercher un trésor dans les cieux pleins
de joyaux,
encore qu'il y soit monté d'une aile indomptée.

Alfred de Musset

France, 1810-1857

TRISTESSE

J'ai perdu ma force et ma vie,
Et mes amis et ma gaieté ;
J'ai perdu jusqu'à la fierté
Qui faisait croire à mon génie.

Quand j'ai connu la Vérité,
J'ai cru que c'était une amie ;
Quand je l'ai comprise et sentie,
J'en étais déjà dégoûté.

Et pourtant elle est éternelle,
Et ceux qui se sont passés d'elle
Ici-bas ont tout ignoré.

Dieu parle, il faut qu'on lui réponde.
Le seul bien qui me reste au monde
Est d'avoir quelquefois pleuré.

Walt Whitman

ÉTATS-UNIS, 1819-1892

31

Je crois qu'une feuille d'herbe n'est pas
moindre que la journée des étoiles,
Et la fourmi est tout aussi parfaite, et un grain
de sable, et
l'œuf du roitelet,
Et le graisset est un chef-d'œuvre comparable
au plus grand,
Et la ronce grimpante pourrait orner les salons
des cieux,
Et la plus mince jointure de ma main bafoue
toute la mécanique,
Et la vache qui rumine tête baissée surpasse
n'importe quelle statue,
Et une souris est assez miraculeuse pour
ébranler des sextillions d'incroyants.

LIVRE VII

Chant de la Grand'Route (extrait)

Voici le test de sagesse,
Finalement la sagesse n'est pas testée dans
les écoles,
La sagesse ne peut être transmise de l'un qui
la possède à un autre qui ne l'a pas,
La sagesse vient de l'âme, elle ne peut être
prouvée, elle est sa propre preuve,
Elle s'applique à toutes étapes, à tous objets,
à toutes les qualités et elle est staisfaite,
Elle est la certitude de la réalité, de
l'immortalité des choses, de l'excellence
des choses aussi ;
Il y a quelque chose dans la vue flottante
des choses qui la pousse hors de l'âme.
Maintenant je réexamine philosophies et
religions,
Elles peuvent faire bonne figure dans les salles
de conférences, et pourtant n'avoir aucune
réalité
Sous les vastes nuées ou dans les paysages
et les eaux courantes.

Charles Baudelaire

FRANCE, 1821-1867

ENIVREZ-VOUS

Il faut être toujours ivre. Tout est là : c'est l'unique question. Pour ne pas sentir l'horrible fardeau du Temps qui brise vos épaules et vous penche vers la terre, il faut vous enivrer sans trêve.

Mais de quoi ? De vin, de poésie ou de vertu, à votre guise. Mais enivrez-vous.

Et si quelquefois, sur les marches d'un palais, sur l'herbe verte d'un fossé, dans la solitude morne de votre chambre, vous vous réveillez, l'ivresse déjà diminuée ou disparue, demandez au vent, à la vague, à l'étoile, à l'oiseau, à l'horloge, à tout ce qui fuit, à tout ce qui gémit, à tout ce qui roule, à tout ce qui chante, à tout ce qui parle, demandez quelle heure il est ; et le vent, la vague, l'étoile, l'oiseau, l'horloge, vous répondront : « Il est l'heure de s'enivrer ! Pour n'être pas les esclaves martyrisés du Temps, enivrez-vous ; enivrez-vous sans cesse ! De vin, de poésie ou de vertu, à votre guise. »

Jules Verne

France, 1828-1905

XXVIII

La Vie

Le passé n'est pas, mais il peut se peindre,
Et dans un vivant souvenir se voir ;
L'avenir n'est pas, mais il peut se feindre
Sous les traits brillants d'un crédule espoir !
Le présent seul est, mais soudain s'élance
Semblable à l'éclair, au sein du néant !
Ainsi l'existence est exactement
Un espoir, un point, une souvenance !

Emily Dickinson

ÉTATS-UNIS, 1830-1886

Porter notre part de la nuit,
Notre part du matin ;
Remplir de bonheur notre vide,
De mépris notre vide.

Étoile par-ci, étoile par-là,
D'aucuns perdent leur route.
Brume par-ci, brume par-là,
Et puis après : le jour !

On dit : le « Temps guérit » —
Mais le Temps n'a jamais guéri —
Une vraie Souffrance durcit
Comme les nerfs, avec l'âge —

Le Temps met la peine à l'épreuve —
Mais il n'en est pas le remède —
S'il s'avère tel, cela veut dire aussi
Qu'il n'y avait pas de maladie —

Chants sacrés des Indiens Pueblos

NOUVEAU MEXIQUE

CHANT DU REPAS

Mes pères,
Notre Père Soleil,
Quand se tiendra notre Mère Aurore
Sur vos lieux sacrés,
Quelque part nous vous croiserons
Sur votre route.
Cette substance qui devient notre chair,
Le maïs blanc,
Le maïs sacré,
Le pollen du maïs,
Je vous l'offre.
Au Soleil qui est notre père,
À vous je l'offre
À vous, j'offre le maïs sacré.

À vous, j'offre le pollen de maïs.
Comme le dit ma prière,
Qu'il en soit ainsi.

Mon cœur sincère vous adresse ses prières.
À vous, j'offre le maïs sacré, j'offre.
J'offre le pollen du maïs.
Comme le dit ma prière,
Qu'il en soit ainsi.

CHANT POUR LA PLUIE

Blanches nuées planant
Nuées comme les plaines
Venez arroser la terre.
Épouse la terre, soleil,
Qu'elle en soit féconde.
Lune, lion du nord,
Ours de l'ouest,
Blaireau du sud,
Loup de l'est,
Aigle des cieux, musaraigne du sol,
Glorieux vétéran de la guerre,

Combattants des six montagnes du monde,
Priez pour nous le peuple des nuées,
Qu'elles arrosent pour nous la terre.
Vaisselle magique, vase des nuées, gobelet d'eau
Donnez-nous vos cœurs,
Qu'ils arrosent la terre.
Je prends l'antique voie du maïs,
Que mon chant la franchisse d'un bond.
Femme-perle de blanc coquillage
Qui vit où le soleil descend,
Mère bourrasque, mère Sûs'sistumako,
Mère Ya-ya génitrice des bonnes pensées,

Femme jaune du nord, femme bleue de l'ouest,
Femme rouge du sud, femme blanche de l'est,
Femme jaune-pâle du zénih
Et femme sombre du nadir,
Priez pour nous le peuple des nuées.

Arne Garborg

Suède, 1851-1924

DE L'ARGENT

Chacun peut s'acheter
de la nourriture, mais pas l'appétit,
des médicaments, mais pas la santé,
des lits moelleux, mais pas le sommeil,
des connaissances, mais pas l'intelligence,
un statut social, mais pas la bonté,
des choses qui brillent, mais pas le bien-être,
des amusements, mais pas la joie,
des camarades, mais pas l'amitié,
des serviteurs, mais pas la loyauté,
des cheveux gris, mais pas l'honneur,
des jours tranquilles, mais pas la paix.
L'écorce de toute chose peut
s'obtenir avec de l'argent.
Mais le cœur, lui,
n'est pas à vendre.

Émile Verhaeren

BELGIQUE, 1855-1916

C'est la bonne heure où la lampe s'allume :
Tout est si calme et consolant, ce soir,
Et le silence est tel, que l'on entendrait choir
Des plumes.

C'est la bonne heure où, doucement,
S'en vient la bien-aimée,
Comme la brise ou la fumée,
Tout doucement, tout lentement.

Elle ne dit rien d'abord — et je l'écoute ;
Et son âme, que j'entends toute,
Je la surprends luire et jaillir
Et je la baise sur ses yeux.

C'est la bonne heure où la lampe s'allume,
Où les aveux
De s'être aimés le jour durant,
Du fond du cœur profond mais transparent,
S'exhument.

Et l'on se dit les simples choses :
Le fruit qu'on a cueilli dans le jardin ;
La fleur qui s'est ouverte,
D'entre les mousses vertes ;
Et la pensée éclose en des émois soudains,
Au souvenir d'un mot de tendresse fanée
Surpris au fond d'un vieux tiroir,
Sur un billet de l'autre année.

Les menus faits, les mille riens,
Une lettre, une date, un humble anniversaire,
Un mot que l'on redit comme aux jours
de naguère
Exalte en ces longs soirs ton cœur
comme le mien.

Et nous solennisons pour nous
ces simples choses
Et nous comptons et recomptons
nos vieux trésors,
Pour que le peu de nous qui nous demeure encor
Reste ferme et vaillant devant l'heure morose.

Et plus qu'il ne convient, nous nous montrons jaloux
De ces pauvres, douces et bienveillantes joies
Qui s'asseyent sur le banc près du feu qui flamboie
Avec les fleurs d'hiver sur leurs maigres genoux,

Et prennent dans la huche, où leur bonté le cèle,
Le pain clair du bonheur qui nous fut partagé,
Et dont, chez nous, l'amour a si longtemps mangé
Qu'il en aime jusqu'aux parcelles.

Constantin Cavafis

GRÈCE, 1863-1933

ITHAQUE

Quand tu partiras pour Ithaque,
Souhaite que la route soit longue,
Riche d'aventures et d'enseignements.
Ne crains pas les Lestrygons
Les Cyclopes ou la colère de Poséidon.
Tu ne verras jamais rien de tel sur ta route,
Si ta raison reste haute, si ton âme et ton corps
Ne sont touchés que par des émotions choisies.
Tu ne rencontreras pas les Lestrygons,
Les Cyclopes ou Poséidon déchaîné
Si tu ne les portes pas en toi,
Si ton âme ne les dresse pas devant toi.

Souhaite que la route soit longue,
Que nombreux soient les matins d'été
Où tu entreras — avec quel délice,
Avec quelle joie ! — dans des ports inconnus.

Attarde-toi dans les comptoirs phéniciens
Et fais de beaux achats :
Nacres et coraux, ambres et ébènes,
Parfums voluptueux de toutes les sortes,
Toujours plus de parfums voluptueux.

Rends-toi dans de nombreuses villes D'Égypte
Apprends encore et encore de leurs érudits.

Garde toujours Ithaque dans ton esprit,
C'est vers elle que tu vas.
Mais ne hâte pas ton voyage ;
Mieux vaut qu'il dure beaucoup d'années,
Que tu sois vieux déjà en abordant ton île,
Riche de ce que tu auras gagné sur ta route,
Et sans espoir qu'Ithaque te donne
des richesses.

Ithaque t'a donné ce beau voyage.
Sans elle, tu n'aurais pas pris la route.
Elle n'a plus rien à te donner.

Même si elle te paraît pauvre, Ithaque ne t'a
pas trompé :
Maintenant que te voilà sage avec
tant d'expérience,
Tu auras compris ce que les Ithaques veulent
dire.

Paul-Jean Toulet

France, 1867-1920

EN ARLES

Dans Arles, où sont les Aliscans,
Quand l'ombre est rouge, sous les roses,
Et clair le temps,

Prends garde à la douceur des choses
Lorsque tu sens battre sans cause
Ton cœur trop lourd ;

Et que se taisent les colombes :
Parle tout bas, si c'est d'amour,
Au bord des tombes.

LXX

La vie est plus vaine une image
Que l'ombre sur le mur.
Pourtant l'hiéroglyphe obscur
Qu'y trace ton passage

M'enchante, et ton rire pareil
Au vif éclat des armes ;
Et jusqu'à ces menteuses larmes
Qui miraient le soleil.

Mourir non plus n'est ombre vaine.
La nuit, quand tu as peur,
N'écoute pas battre ton cœur :
C'est une étrange peine.

Hugo von Hofmannsthal

ALLEMAGNE, 1874-1929

QU'EST-CE QUE LE MONDE ?

Qu'est-ce que le monde ? Un poème éternel,
D'où l'Esprit de la Divinité rayonne et brille,
D'où le vin de la sagesse écume et jaillit,
D'où la voix de l'amour s'adresse à nous,

Et l'âme changeante de chaque être humain.
C'est un rayon qui jaillit de ce soleil,
Un vers qui se tresse à des milliers
d'autres vers,
Qui sans être aperçu se perd, s'éteint, se fane.

Et pourtant, c'est aussi un monde pour
soi seul,
Plein de sons inouïs, suaves et secrets,
Doués d'une beauté unique, inviolée,

Et qui ne sont ni le reflet ni l'écho de rien
d'autre.
Et, dusses-tu passer tout ton temps à le lire,
Un livre dont tu ne mesureras de toute ta vie
la profondeur.

Rainer Maria Rilke

Autriche, 1875-1926

LA NEUVIÈME ÉLÉGIE (EXTRAIT)

Pourquoi, s'il est permis que nous vivions
notre délai de vie comme laurier, à peine un peu
plus foncé que tout autre vert, avec au bord
des feuilles
ces vaguelettes (comme un sourire du vent),
pourquoi
faut-il être homme et, fuyant le destin, y aspirer
si fort ?…

Parce que le bonheur *existe,*
hâtif profit d'une perte prochaine ? Oh non !
Ni par curiosité, ni afin d'exercer le cœur,
il y aurait cela *aussi* dans le laurier…

Mais parce qu'être ici c'est beaucoup. Et qu'ici,
apparemment, tout a besoin de nous, ces choses
éphémères qui étrangement nous appellent.

Nous, les plus éphémères. *Une* fois chaque chose,
rien qu'*une* fois. *Une* fois et c'est tout. Et nous
aussi
rien qu'*une* fois. Et jamais plus. Mais *une* fois,
quand ce ne serait qu'*une* fois, avoir été cela :
de cette terre, voilà qui semble irrévocable.

Ainsi nous nous pressons, nous voulons
l'accomplir,
ce destin, le tenir dans nos mains simples, dans
le regard qui déborde et notre cœur sans voix.
Le devenir. Mais pour en faire don à qui ? Plutôt
tout garder à jamais… Hélas, dans l'autre monde,
qu'emporte-t-on ? Pas l'art de regarder,
si lentement
acquis ici, ni rien de ce qui s'est passé.
Rien. Les souffrances, donc. Et avant tout
la pesanteur,
et la longue expérience de l'amour —
de l'indicible,
donc, et rien d'autre. Mais plus tard parmi
les astres,

à quoi bon : ne sont-ils pas mieux tels,
indicibles ?
Car lorsqu'il s'en revient des flancs
de la montagne
vers la vallée, ce que le voyageur rapporte
ce n'est pas, pour tous ineffable, une poignée
de terre
mais un mot gagné, un mot pur, la jaune et bleue
gentiane. *Ici* peut-être sommes-nous pour dire :
maison, fontaine, pont, portail, cruche, fenêtre,
verger — au plus : colonne, tour… Mais pour
les *dire,*
s'entend, comme jamais les choses elles-mêmes
n'ont pu croire exister. Ô terre qui te tais,
n'est-ce pas ton secret désir, quand tu les presses,
que tout chez les amants émus tremble de joie ?
Un seuil : qu'est-ce pour deux amants que
de l'user
un peu plus, eux aussi, ce seuil ancien de leur
propre porte, après ceux qui les ont précédés,
avant ceux qui viendront…, légèrement.

Victor Segalen

France, 1878-1919

AUX DIX MILLE ANNÉES

Ces barbares, écartant le bois, et la brique et la terre, bâtissent dans le roc afin de bâtir éternel !
Ils vénèrent des tombeaux dont la gloire est d'exister encore ; des ponts renommés d'être vieux et des temples de pierre trop dure dont pas une assise ne joue.
Ils vantent que leur ciment durcit avec les soleils ; les lunes meurent en polissant leurs dalles ; rien ne disjoint la durée dont ils s'affublent ces ignorants, ces barbares !

Vous ! fils de Han, dont la sagesse atteint dix mille années et dix mille dix milliers d'années, gardez-vous de cette méprise.
Rien d'immobile n'échappe aux dents affamées des âges. La durée n'est point le sort du solide.

L'immuable n'habite pas vos murs, mais en vous, hommes lents, hommes continuels.
Si le temps ne s'attaque à l'œuvre ; c'est l'ouvrier qu'il mord. Qu'on le rassasie : ces troncs pleins de sève, ces couleurs vivantes, ces ors que la pluie lave et que le soleil éteint.

Fondez sur le sable. Mouillez copieusement votre argile. Montez les bois pour le sacrifice : bientôt le sable cédera, l'argile gonflera, le double toit criblera le sol de ses écailles :
Toute l'offrande est agréée !

Or, si vous devez subir la pierre insolente et le bronze orgueilleux, que la pierre et que le bronze subissent les contours du bois périssable et simulent son effort caduc :
Point de révolte : honorons les âges dans leurs chutes successives et le temps dans sa voracité.

CONSEILS AU BON VOYAGEUR

Ville au bout de la route et route prolongeant la ville : ne choisis donc pas l'une ou l'autre, mais l'une et l'autre bien alternées.

Montagne encerclant ton regard le rabat et le contient que la plaine ronde libère. Aime à sauter roches et marches ; mais caresse les dalles où le pied pose bien à plat.

Repose-toi du son dans le silence, et, du silence, daigne revenir au son. Seul si tu peux, si tu sais être seul, déverse-toi parfois jusqu'à la foule.

Garde bien d'élire un asile. Ne crois pas à la vertu d'une vertu durable : romps-la de quelque forte épice qui brûle et morde et donne un goût même à la fadeur.

Ainsi, sans arrêt ni faux pas, sans licol et sans étable, sans mérites ni peines, tu parviendras, non point, ami, au marais des joies immortelles, Mais aux remous pleins d'ivresses du grand fleuve Diversité.

ÉLOGE DU JADE

Si le Sage, faisant peu de cas de l'albâtre, vénère le pur Jade onctueux, ce n'est point que l'albâtre soit commun et l'autre rare : Sachez plutôt que le Jade est bon,

Parce qu'il est doux au toucher — mais inflexible. Qu'il est prudent : ses veines sont fines, compactes et solides.

Qu'il est juste puisqu'il a des angles et ne blesse pas. Qu'il est plein d'urbanité quand, pendu de la ceinture, il se penche et touche terre.

Qu'il est musical : sa voix s'élève, prolongée jusqu'à la chute brève. Qu'il est sincère, car son éclat n'est pas voilé par ses défauts ni ses défauts par son éclat.

Comme la vertu, dans le Sage, n'a besoin d'aucune parure, le Jade seul peut décemment se présenter seul.

Son éloge est donc l'éloge même de la vertu.

Carl Sandburg

États-Unis, 1878-1967

BOÎTES ET SACS

Plus la boîte est grande, plus elle tient.
Les boîtes vides tiennent autant que les têtes vides.
Assez de petites boîtes vides qu'on jette dans une grande boîte vide, la remplissent toute.
Une boîte à moitié vide dit : « Mettez-y plus ».
Une boîte assez grande peut tenir le monde.
Les éléphants ont besoin de grandes boîtes pour tenir une douzaine de mouchoirs pour éléphants.
Les puces replient de petits mouchoirs et les rangent avec soin dans des boîtes à mouchoirs pour puces.
Les sacs s'appuyent les uns contre les autres, et les boîtes se dressent indépendantes.
Les boîtes sont carrées avec les angles, sinon rondes avec des cercles.

On peut empiler boîte sur boîte jusqu'à ce que le tout s'écroule.
Empilez boîte sur boîte, et la boîte du fond dira :
« Notez s'il vous plaît que tout repose sur moi ».

Empilez boîte sur boîte et celle du dessus dira :
« Laquelle tombe le plus loin au cas où nous tombons toutes ? Je vous le demande ».
Les gens à boîtes vont à la recherche de boîtes et les gens à sacs à la recherche de sacs.

Khalil Gibran

LIBAN, 1883-1931

Almitra dit alors : Parle-nous de l'Amour.
Il leva la tête et regarda le peuple, sur lequel
un grand silence s'abattit. Puis il dit d'une voix
forte :
Quand l'amour vous fait signe, suivez-le,
Bien que ses chemins soient pénibles et
escarpés.
Et quand ses ailes vous enveloppent,
abandonnez-vous à lui,
Bien que l'épée dissimulée dans ses plumes
puisse vous blesser.
Et quand il vous parle, croyez en lui,
Bien que sa voix puisse briser vos rêves
à la manière du vent du nord qui dévaste
un jardin.
Car au même moment l'amour vous couronne
et vous crucifie. Il vous fait croître tout en
vous élaguant.

De même qu'il s'élève à votre hauteur pour
caresser vos plus tendres rameaux qui
frémissent au soleil,
De même il descend jusqu'à vos racines pour
les secouer là où elles s'accrochent à la terre.
Il vous moissonne comme des gerbes de blé.
Il vous bat pour vous mettre à nu.
Il vous tamise pour vous libérer de vos bales.
Il vous meule pour vous transformer en
blanche farine.
Il vous pétrit pour vous rendre malléable ;
Puis il vous assigne à son feu sacré afin de
faire de vous le pain sacré du festin sacré de
Dieu.
Toutes ces choses, l'amour vous les inflige
afin que vous puissiez connaître les secrets
de votre cœur et devenir ainsi un fragment
du cœur de la Vie.
Mais si, sous l'effet de la peur,
vous ne recherchiez que la paix de l'amour
et les plaisirs de l'amour,
Alors vous feriez mieux de couvrir votre
nudité et de quitter l'aire de battage de l'amour,

Pour rejoindre le monde sans saison dans
lequel vous ne rirez pas tous vos rires et ne
pleurerez pas toutes vos larmes.
L'amour n'offre rien que lui-même et ne prend
rien que de lui-même.
L'amour ne possède rien et ne saurait être
possédé,
Car l'amour suffit à l'amour.
Quand vous aimez, vous ne devriez pas dire «
Dieu est dans mon cœur », mais plutôt « Je suis
dans le cœur de Dieu ».
Et ne vous croyez pas capable de diriger le
cours de l'amour, car c'est l'amour, s'il vous en
juge digne, qui dirige votre cours.
L'amour n'a d'autre désir que de s'accomplir.
Mais si vous aimez et éprouvez des désirs,
que vos désirs soient ceux-ci :
Fondre et couler comme un ruisseau qui
chante sa mélodie dans la nuit.
Connaître la souffrance de l'excès de tendresse.
Comprendre l'amour au point d'en être blessé ;
Et accepter avec joie de saigner.

S'éveiller à l'aube, le cœur ailé et reconnaissant
pour cette nouvelle journée d'amour ;
Se reposer à l'heure de midi et méditer sur
les extases de l'amour ;
Regagner son logis le soir avec gratitude ;
Et s'endormir avec dans le cœur une prière
pour l'être aimé et sur les lèvres un chant
d'action de grâces.

Fernando Pessoa

Portugal, 1888-1935

L'instinct enfantin de l'humanité conduit le plus orgueilleux d'entre nous, s'il est humain et s'il n'est pas fou, à désirer une main paternelle, ô Père Bienheureux [?], pour le guider, d'une manière ou d'une autre, à travers le mystère et la confusion du monde. Chacun de nous est un grain de poussière que le vent de la vie soulève, pour le laisser retomber ensuite. Il nous faut nous arrimer à un étai solide, et placer notre petite main dans une autre ; car l'heure est toujours incertaine, le ciel toujours si distant, et la vie si étrangère.

L'esprit le plus élevé ne fait que connaître de plus près le vide et l'incertitude de toute chose.

Nous sommes peut-être guidés par une illusion : mais nous ne le sommes certainement pas par la conscience.

S'il m'arrive un jour, voyant ma vie réglée et assurée, de pouvoir écrire et publier en toute liberté, je sais que j'en viendrai à regretter cette vie incertaine où j'écris peu et ne publie rien. Je la regretterai, non seulement parce que cette vie fruste sera déjà le passé, donc une vie que je ne retrouverai plus, mais aussi parce que chaque genre de vie possède une qualité propre et nous fait goûter un plaisir particulier ; et lorsqu'on passe à un nouveau style de vie, même s'il nous plaît davantage, ce plaisir particulier se révèle alors moins heureux, cette qualité propre devient moins attrayante : ce plaisir et cette qualité nouveaux cessent d'exister, et nous laissent un vide.

L'homme commun, si dure que soit pour lui l'existence, connaît au moins le bonheur de ne pas y penser. Vivre la vie extérieurement, la vivre au fil des jours, comme font les chats ou les chiens – ainsi font les hommes ordinaires, et c'est ainsi qu'il faut vivre la vie pour pouvoir compter au moins sur la satisfaction des chats et des chiens.

Penser revient à détruire. Le processus de la pensée y voue la pensée elle-même, car penser, c'est décomposer. Si les hommes savaient méditer sur le mystère de la vie, s'ils savaient ressentir les mille complexités qui guettent l'âme, à chaque pas, dans toute action – ils n'agiraient jamais, ils n'oseraient pas même vivre. Ils se tueraient plutôt de peur, comme les gens qui se suicident pour ne pas être guillotinés le lendemain.

Nous ne sommes véritablement que ce que nous rêvons, car le reste, dès qu'il se trouve réalisé, appartient au monde et à ceux qui nous entourent. Si je réalisais l'un de mes rêves, j'en deviendrais jaloux, car il m'aurait trahi en se laissant réaliser. J'ai réalisé tout ce que j'ai voulu, dit le faible, et il ment ; la vérité, c'est qu'il a rêvé prophétiquement tout ce que la vie a fait de lui. Nous ne réalisons rien nous-mêmes. La vie nous lance en l'air comme des cailloux, et nous disons de là-haut : « Voyez comme je bouge. »

Thomas Stearns Eliot

ANGLETERRE, 1888-1965

(...)

La seule sagesse que nous puissions espérer acquérir
Est la sagesse de l'humilité ; car l'humilité est sans bornes.

Jorge Luis Borges

ARGENTINE, 1899-1986

MA VIE ENTIÈRE

Me voici encore, les lèvres mémorables, unique
et semblable à vous.
J'ai persévéré dans l'à-peu-près du bonheur et
dans l'intimité de la peine.
J'ai traversé la mer.
J'ai connu bien des pays ; j'ai vu une femme
et deux ou trois hommes.
J'ai aimé une enfant altière et blanche et
d'une hispanique quiétude.
J'ai vu d'infinies banlieues où s'accomplit sans
s'assouvir une immortalité de couchants.
J'ai savouré de nombreux mots.
Je crois profondément que c'est tout et que je
ne verrai ni ne ferai de nouvelles choses.

Je crois que mes journées et mes nuits égalent
en pauvreté comme en richesse celles de Dieu
et celles de tous les hommes.

James Laughlin

ÉTATS-UNIS, 1914-1997

CONSEIL À AURÈLE

Si tu veux vivre un long amour
heureux évite l'hiver de

la promiscuité recherche
la chaude étreinte et non

les petits plats au dîner
du dimanche donne tes rendez-

vous sous les vertes tonnelles
près des cascades ou sur les

petites îles de l'Adriatique
ceci Aurèle est le meilleur

conseil que Catulle puisse te
donner il est fondé sur

beaucoup d'expérience il
sait de quoi il parle.

Mahmoud Darwich

Palestine, 1942-2008

PENSE À AUTRUI

En préparant ton petit-déjeuner,
Pense à autrui.
N'oublie pas la part des colombes !

En menant tes guerres,
Pense à autrui.
N'oublie pas ceux qui aspirent à la paix.

En réglant ta facture d'eau,
Pense à autrui.
N'oublie pas ceux qui s'allaitent aux nuages.

En rentrant à la maison, ta maison,
Pense à autrui.
N'oublie pas le peuple des tentes.

Quand tu t'endors en comptant les étoiles,
Pense à autrui.

À ceux qui n'ont pas trouvé la paix du
sommeil.

En libérant ta parole à coups de métaphores,
Pense à autrui.
À ceux qui ont perdu le droit à la parole.

Quand tu penses aux autres qui sont loin
Pense à toi.
Et dis-toi : Puissé-je être une bougie
dans le noir !

REMERCIEMENTS

L'auteur souhaite adresser
ses vifs remerciements :

Aux éditions du Cherche midi pour
leur aimable autorisation concernant
les textes d'Omar Khayyam, de Ja J'on-Ro,
de Carl Sandburg et de Jules Verne.

À Jean-Pierre Bernès pour sa traduction
de Jorge Luis Borges.

SOMMAIRE

CRÉDITS

p. 19, *L'Épopée de Gilgamesh*, *in* Stephen Mitchell, *Gilgamesh, la quête de l'immortalité*, traduction : Aurélien Clause, L'Hay-les-Roses : Synchronique éditions, 2013.

p. 20, Brihadaranyaka Upanishad.

p. 23, Héraclite d'Éphèse, traduction : Jean Orizet

p. 25, Platon, *Le Banquet,* suivi de *Phédon*, traduction : Léon Robin, Paris : L. Pichon, 1933.

p. 31, Confucius et Mencius, *Les Quatre Livres de philosophie morale et politique de la Chine*, traduction : Guillaume Pauthier, Paris : Charpentier, 1858.

pp. 33-36, Tchouang Tseu, *Aphorismes et paraboles*, recueillis et préfacés par Marc de Smedt, coll. « Spiritualités vivantes », Paris : Albin Michel, 2005 (1986).

pp. 37-39, Lao-tseu, *Tao tö king*, traduction : Liou Kia-hway, Paris : Gallimard, 1967.

p. 43, Ancien Testament, La Sagesse VI.

p. 45, Ancien Testament, L'Ecclésiaste.

p. 58, Sie Ling-Yun, Écrit sur le lac, en revenant de la maison de montagne de la Falaise de Pierre

p. 63, Si K'ang, « Chants taoïstes », *La Montagne vide : anthologie de la poésie chinoise, IIIe-XIe siècles*, traduction, notes et présentation : Patrick Carré et Zéno Bianu, Paris : Albin Michel, 1987.

p. 64, Li Hiun, « À un maître du Ch'an », *La Montagne vide : anthologie de la poésie chinoise, IIIe-XIe siècles*, traduction, notes et présentation : Patrick Carré et Zéno Bianu, Paris : Albin Michel, 1987.

p. 66, Diêu Nhân, « Naissance, vieillesse, maladie, mort… », *Aigrettes sur la rizière : chants et poèmes classiques du Viet-Nam*, textes choisis, présentation et traduction : Lê Thành Khôi, Paris : Gallimard, 1995.

p. 67, Van Hanh, « Aux disciples », *Aigrettes sur la rizière : chants et poèmes classiques du*

Viet-Nam, textes choisis, présentation et traduction : Lê Thành Khôi, Paris : Gallimard, 1995.

pp. 68-72, Omar Khayyam, *Les Quatrains : robaïyat*, nouvelle version établie et présentée par Jean Rullier, Paris : Le Cherche midi, 2000.

p. 73, Y Lan, « L'Être et le Non-Être », *Aigrettes sur la rizière : chants et poèmes classiques du Viet-Nam*, textes choisis, présentation et traduction : Lê Thành Khôi, Paris : Gallimard, 1995.

p. 79, Nguyên Binh Khiêm, « Le Bonheur », *Aigrettes sur la rizière : chants et poèmes classiques du Viet-Nam*, textes choisis, présentation et traduction : Lê Thành Khôi, Paris : Gallimard, 1995.

p. 96, William Blake, *Augures d'innocence*, traduction : Jean Orizet.

p. 99, Alexandre Pouchkine, « Au poète », 7-VII-1830, *Poésies*, traduction : Louis

Martinez, coll. « Poésie », Paris : Gallimard, 1994.

p. 106, Walt Whitman, Livre VII, *Chant de la Grand'Route (extrait),* traduction : Jean Orizet.

p. 109, Jules Verne, XXVIII, *La Vie*, Paris : Le Cherche midi, 1989.

p. 110, Emily Dickinson, traduction : Jean Orizet.

p. 115, Arne Garborg, *De l'argent*, traduction : Jean Orizet.

p. 135-138, Khalil Gibran, *Le Prophète*, © Pocket, un département d'Univers Poche, 2012 pour la traduction française de Didier Sénécal.

pp. 139-141, Fernando Pessoa, *Le Livre de l'intranquilité*, traduction : Françoise Laye, Paris : Christian Bourgois éditeur, 1999.

p. 144, Jorge Luis Borges, « Ma vie entière », *Œuvres complètes*, traduction : Jean-Pierre